# This Book Belongs To

# COLOR TEST

blue
red
purple
yellow
pink
green
orange
lime
aqua
navy
coral
teal
mustard
blue violet
black
indigo
pea green
amber
peach
maroon

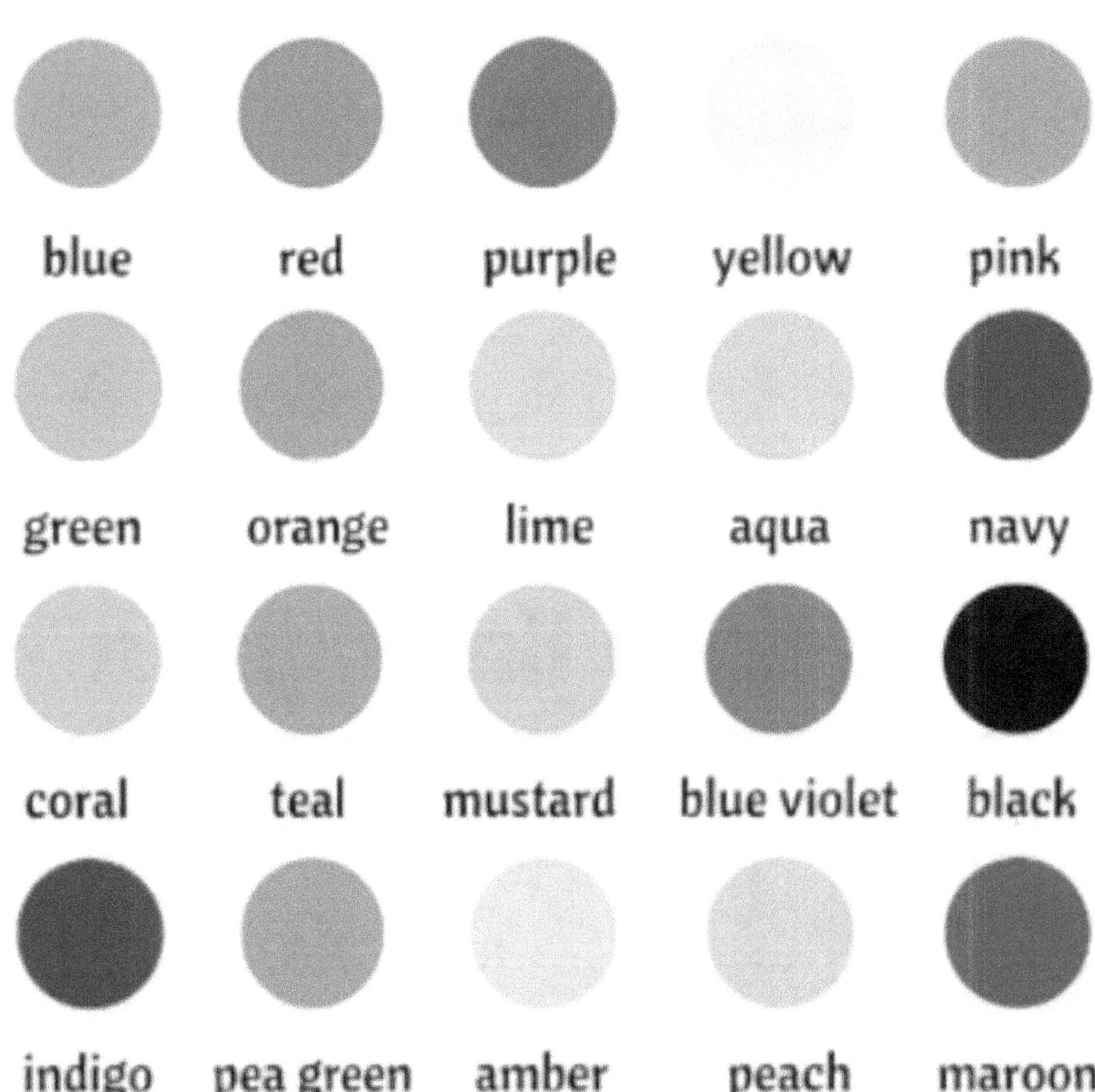

# Preview Pages

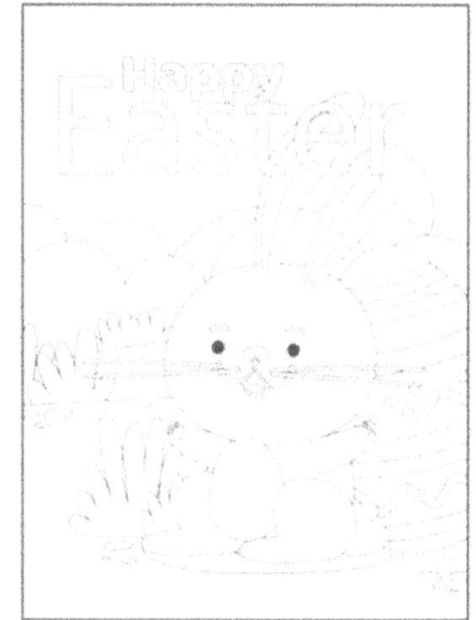

- HAPPY -
EASTER DAY

# Happy Easter Day

HAPPY
Easter
DAY

HAPPY EASTER

HAPPY EASTER

Happy Easter

HAPPY
Easter

HAPPY EASTER DAY

HELLO
EASTER

HAPPY
Easter Day

Happy
Easter

HAPPY
EASTER DAY

HAPPY
EASTER DAY

happy
Easter